I0506419

www.ingramcontent.com/pod-product-compliance
Lightning Source LLC
Chambersburg PA
CBHW071815170526
45167CB00003B/1319
* 9 7 8 1 4 9 3 7 0 3 0 2 9 *

אורית טינו פרץ

איך לאמן את ילדכם ללמוד בהצלחה - ובזמן?

4 צעדים לניהול זמן יעיל להורים וילדים

הסדרה המובילה לניהול זמן יעיל

ספר 1

לילדיי האהובים אביה ורועי חן
אשר היוו עבורי השראה לניהול זמן יעיל ואפקטיבי

ללקוחותיי המועצמים שבזכותם אני שומרת על
יצירתיות והתפתחות אישית כדרך חיים

ליצירת קשר אישי עם המחברת : 972-50-7646380
או : www.perezyozma.co.il

איורים : עציון גואל

מהדורה ראשונה 2013

© כל הזכויות שמורות לאורית טינו פרץ

אין לשכפל את תכני הספר בשום צורה שהיא. אין להעתיק, לסרוק, לצלם, לאחסן במאגרי מידע או להפיץ כל חלק שהוא מספר זה לשם כל מטרה מסחרית או לא מסחרית ללא הרשות המפורשת של המחברת.

תמיכתך והכבוד לרכוש ולקניין הסופרת מוערכים מאד.

תוכן עניינים

תוכן עניינים...4

מבוא...5

פרק א: שנות הלמוד בבית הספר היסודי...11

צעד 1: "אה הופ" – מכיתה א' – ו': שנות הלמוד בבית הספר היסודי"...12

פרק ב: ניהול הזמן לילד בחטיבת הביניים...20

צעד 2. חטיבת הביניים...21

פרק ג: ניהול הזמן בתיכון ולקראת בחינות הבגרות...35

צעד 3. התיכון...36

פרק ד: גיבוש תפיסה הוליסטית לניהול זמן...53

צעד 4. תפיסה הוליסטית לניהול זמן...54

סיכום...58

הפתעות וצ'ופרים ממתינים לך!...59

4

מבוא

קוראים והורים יקרים,

האם אתם מרוצים מניהול הזמן שלכם ושל ילדיכם?
האם ידוע לכם בבירור כיצד הילד "מעביר את הזמן" כשאתם בעבודה ועד כמה הוא מנצל את הזמן לטובה?

האם נראה לכם שהילד מפיק מהזמן שלו את המיטב והמירב ומגיע להישגים גבוהים בלמודים, בתחומי הספורט והתחביב שלו?

ואולי אתם מתוסכלים ממעט הזמן שיש לכם עצמכם? הרי גם אתם עמוסים, עובדים המון שעות ונדרשים לעמידה בלוחות זמנים צפופים, במטרות וביעדים שונים?

אתם מתעניינים בילד ורואים כי העבודה שהגיש בכיתה שוב מוחזרת לו כיוון שלא הייתה ממוקדת. אתם מגלים כי למבחנים הוא מגיע כשאינו מוכן וכי אף אם הגיע מוכן, הרי שהוא נכנס ללחץ ולחרדה המונעת ממנו להצליח.

יתכן שהוא עצמו מתלונן בפניכם על כך שאין לו מספיק זמן כדי לפגוש חברים או לעסוק בתחביבים מאחר ורוב הזמן שלו לדעתו מוקדש ללמודים.

ואתם ההורים, ידוע לכם היטב כי לא פעם נשאב ילדכם אל "גזלני זמן" ו"הסחות דעת" כגון: משחקי מחשב, בהייה בטלביזיה, גלישה באינטרנט ובטלפונים חכמים למיניהם.

אם הישגיו של ילדכם נמוכים, יש להניח שגם המוטיבציה שלו אינה גבוהה.

אתם רוצים לעזור לו, הרי ילדכם חשוב לכם מאד. אתם רוצים שיצליח. שיקבע לעצמו מטרות גבוהות, שיתקדם עם עצמו וינהל את הזמן שלו ביעילות.

אבל כיצד?

כמאמנת לניהול זמן המסייעת לאלפי אנשים לאורך השנים בניהול זמן, אני נתקלת בסדנאות ובאימונים האישיים לניהול זמן בהורים המביעים תסכול מחוסר הזמן שיש להם עם ילדיהם ומהעובדה שכמעט ואין להם מושג מה קורה עם הילדים בבית הספר.

לפניכם כמה מן הטענות החוזרות של ההורים :

- "אין לנו זמן בעצמנו. אנחנו עמוסים מאד בעבודה ובבית. אז איך נסייע לילדינו?!"
- "הילדים הם חסרי אחריות. כל הזמן מבלגנים את החדר ואת הבית ומתנהגים כאילו לא אכפת להם מכלום".
- "הבן שלי הוא "דחיין" סדרתי. רק תבקש ממנו לעזור בפינוי האשפה ותשמע את ה"עוד רגע" הנצחי שלעולם לא מגיע...".
- "אצלנו זה מרתון תמידי. הבית נראה כמו במרוץ אינסופי. כולם רצים כל הזמן, אין זמן לנשום".

אם מצבים אלה מוכרים ואתם רוצים לשפר את ניהול הזמן ואת איכות החיים שלכם, הבשורה הטובה היא שזה ניתן ואפילו פשוט לביצוע.

בעזרת שיטת **"ללמוד בהצלחה – ובזמן"**.

באמצעות כלים פשוטים המאפיינים את שיטת **"ללמוד בהצלחה – ובזמן"**, תגלו איך ניתן להוביל ולשלוט בזמן ולאמן את ילדכם לשליטה והובלה של הזמן על ידי קביעת סדרי

עדיפויות וקדימויות של הדברים החשובים והאיכותיים בעבורו.

כאם לשני ילדים מתבגרים ומקסימים, **יישום שיטת "ללמוד בהצלחה – ובזמן אצלנו, הביא לשיפור משמעותי בתוצאות ובהישגים של ילדיי.**

כשראיתי אצל הילדים שלי שגם הם לחוצים מאחר שאינם מספיקים לעמוד בלוחות הזמנים הצפופים ובדרישות הרבות אשר הלכו וגדלו ככל שהילדים התבגרו, כשראיתי את התסכול מכך שהיו צריכים לתמרן בין הרצון הטבעי בגיל העשרה לשהות במחיצת חברים לבין רצונם להצליח בלמודים, **החלטתי לשים לזה סוף ולעזור להם !**

אני יכולה להגיד בסיפוק אדיר שכשישבתי עם בתי אשר הייתה אז רק בת עשר והסברתי לה את עיקרי הכללים לניהול זמן יעיל, היא תפסה את העניין די מהר והדבר **פשוט הפך את עולמה ושינה את חייה! וזאת עד היום ויותר מכך !**

בתי היקרה הפכה לתלמידה מצטיינת ובמקביל אהודה מאד על חבריה וחברותיה.
היא מקצה זמן לתחביבים ולפנאי (בתי שוחרת טיולים ומוסיקה) ולמעשה כיום, בגיל 23 היא בוגרת בהצטיינות של תואר ראשון בפיזיקה מאוניברסיטת תל אביב וחולקת חייה המשותפים עם בן זוגה. למעשה, היא חיה חיים מלאים ומשמעותיים.

לבני היה מעט יותר קשה, מאחר והוא בעל קשיי קשב וריכוז. אולם באופטימיות ובנחישות רבה, התמדתי במתן הכלים לניהול זמן ולארגון יומיומי וכיום אנו קוצרים פירות : בני סיים זה עתה בגרות מאד טובה ומועמד לשרות משמעותי בצה"ל.

כעת החלטתי לגלות את השיטה המעולה הזו לניהול זמן, גם לכם הקוראים !

7

אני מאמינה בכל לבי שיש לכם יכולות גבוהות מאד להיות
הורים מנהיגים ומעצבים, לקחת אחריות הורית ולהשפיע על
ילדכם וניהול הזמן שלו!

אתם יכולים להנהיג וליצור לעצמכם ולילדכם רגעים
משמעותיים ומתגמלים מאד, כמשפחה אוהבת ותומכת.
אתם יכולים לעצב את חיי המשפחה שהייתם רוצים שיהיו
לכם, בהתבסס על המטרות האישיות והמשפחתיות שלכם.

אולם זיכרו!

מדובר בתהליך. לא ב״פתרון קסמים״ או ב״מתכון אינסטנט״.
התהליך המוצע בספר הוא כזה שהפנמתו וישומו יבטיחו לכם
כלים לחיים איכותיים!

הספר לא ייתן ״פתרון קסם״ אלא **סדרת פתרונות** שיישום כל
אחד מהם ישפר משמעותית את ניהול הזמן של ילדכם וישפר
מאד את ההישגים והתוצאות שלו בכל תחום שיבחר.

תמיד יש פער בין תכנון לבין ביצוע. אולם גודל הפער תלוי
בכם. החליטו יחד עם ילדכם כי היישום מאתגר אתכם כלפי
מעלה וצמצמו ככל האפשר את הפער בין תכנון לבין ביצוע.

הדבר תלוי לחלוטין בכם ובילדכם!

כשמדובר במשפחה, מדובר בשילוב כוחות. לכן חשוב מאד
שהילד ירצה כמובן לנהל את זמנו בתבונה. שתהיה לו
מוטיבציה לכך.

השיטה בספר היא שיטה פשוטה המבטיחה שינויים
משמעותיים בזמן קצר. יישום הכלים בספר יבטיח הכפלת
התפוקות שלכם ושל ילדכם בהתאם לגיל הילד ולדברים
החשובים לו. מובטח!

עליכם להפנים שמנהלי זמן טובים הם אלה שאינם נבהלים כשיש פה ושם סטיות מהתכנון המקורי.

מנהלי זמן טובים יודעים גם להעריך ולקחת בחשבון גורמים בלתי מתוכננים.

מנהלי זמן טובים יודעים לחזור ולקחת שליטה על המסלול הממוקד להשגת המטרות שהציבו.

אני ממליצה לכם לקרוא את הספר יותר מפעם אחת, לחזור ולעיין בו שוב ושוב בכל פעם שאתם מרגישים שהשגרה מכוונת אתכם כלפי מטה והכאוס מתחיל "להכתיב" את סדר היום.

אני מאמינה בכל לבי שאם אתם, קוראים והורים יקרים תאמצו את הכללים, הטיפים והכלים שאני נותנת לכם כאן בספר, תשנו את חייכם המשותפים עם ילדכם מקצה לקצה!

בעקבות ישום הכלים בספר:

- ילדכם יצליח בלימודים והציונים שלו ימריאו!
- יהיה לו יותר פנאי לדברים שהוא אוהב ולחברים.
- ילדכם ירכוש כלים לארגון ולניהול הזמן, אשר ישרתו אותו בחייו הבוגרים.
- איכות הזמן המשותף שלכם, הורים וילדים, תשתפר פלאים!

כיצד תוכלו לנצל את הספר בצורה יעילה?

1. קראו את הספר בשלמותו לפני יישום התכנית.
2. שתפו בתכני הספר חברים, הורים לילדים כמותכם והקימו "קבוצת הורים מאמנים לניהול זמן של ילדכם". מטרת הקבוצה היא לתמוך זה בזו לצורך בניית חיים הוריים איכותיים יותר. מומלץ להעלות סוגיות ודילמות בקבוצה ולבדוק דרכי התמודדות ברוח הספר.
3. רכשו מחברת ונהלו יומן בשילוב ספר זה. בכל פעם שתראו את המשפט: "כאן רשמו במחברות שלכם", רשמו לעצמכם תשובותיכם וראו בכל יישום כזה, צעד קטן נוסף בדרך לשינוי הגדול.
4. חגגו הצלחות! אם יישמתם וראיתם כיצד המציאות משתנה לעבר ניהול זמן איכותי ויעיל, תגמלו עצמכם על הצלחותיכם! הדבר יחזק אתכם ויבסס הטמעת הכלים החדשים בכם.
5. הישארו פתוחים לרעיונות.

בברכה

אורית טינו פרץ

- מטעמי נוחות הספר כתוב בלשון זכר ומתכוון באופן שוויוני לשני המינים.

פרק א: שנות הלמוד בבית הספר היסודי

בפרק זה תגלו:

- איך לפתח גישה סקרנית לילד כלפי לימודיו וניהול חייו.
- איך ליצור "נוכחות הורית" מנהיגה, מעצימה ומשפיעה.
- איך להביא את הילד ליישום ולביצוע המשימות להן נדרש מגיל צעיר.
- שיטה למעקב ובקרה אחר התכנון בניהול זמן יעיל.
- שיטה לניהול זמן המבחן בצורה מיטבית לילד.

צעד 1: "אה הופ" – מכיתה א' – ו': שנות הלמוד בבית הספר היסודי"

האם אתם זוכרים את ההיערכות שלכם לקראת הכניסה של ילדכם לכיתה א'? האם תוכלו להיזכר במסרים העיקריים שהועברו לילדכם לרגל הרגע המכונן בחייו, הכניסה לבית הספר?
נסו לנסח את המסר העיקרי שהעברתם לילדכם :*

____
____
____
____

מה נוח לכם במסר? מה פחות? רשמו!

____
____
____
____
____
____

* כאן תרשמו את תשובותיכם במחברות שלכם.

מתברר כי להיערכות הרגשית לקראת כיתה א' יש משקל משמעותי מאד בהשפעה על הילד ועל פיתוח הגישה שלו ללימודים בכלל ולבית הספר בפרט.

גם למוטיבציה שלכם כהורים, לשיפור ניהול הזמן יש חשיבות עליונה.

מחקרים מוכיחים כי למוטיבציה לשינוי ולפסיכולוגיה בניהול זמן, יש השפעה של 80% על התפוקות ורק 20% לטכניקות!

חשוב אם כן, שתהיו בעלי מוטיבציה פנימית גבוהה לשינוי, בעלי נחישות והתמדה ברצונכם לשפר את איכות ניהול הזמן שלכם ושל ילדכם.

כהורים חשוב לאמץ את התובנות הבאות:

- נוכחות הורית יוצרת מנהיגות המעצבת את ניהול הזמן.
- ליווי הורי מקרין ביטחון, אמון ויד מכוונת, המשפיעים על מוטיבציית הילד.
- דוגמא אישית ממחישה ונותנת השראה לילד.
- ניהול זמן יעיל מגדיל את זמן האיכות המשפחתי.

מדובר בהקניית שפה לכם ולילדכם של ניהול זמן איכותי, ממוקד, מוביל ומפרה.

- **פיתוח גישה סקרנית ללמודים**

מחקרים מראים כי עידוד לסקרנות, שאילת שאלות, גילוי והמצאה ישפיע על פיתוח גישה חיובית וגמישה של הילד ללימודים, הרבה מעבר למקובל ולשגרתי המתבטא בעידוד "רגיל" ללמידה.

מתברר כי לבית הספר אין "מוניטין מוצלחים מדי" וכי אנשים לא כל כך "אוהבים ללמוד". זה מזכיר להם אולי קשיים רגשיים, חברתיים ופסיכולוגיים. לעומת זאת נמצא כי אנשים אוהבים הרבה יותר "לגלות" "להמציא" ו"ליצור" מתוך חדווה וסקרנות.

13

אם אתם נמצאים כעת בשלב בו אתם מכניסים את ילדכם הצעיר לבית הספר, אני ממליצה לכם להשתמש **במילים הללו** הרבה יותר.

.
עודדו את הילד ואמרו לו **שהוא עתיד "לחקור את העולם"** **ולהמציא המצאות.** טפחו את "היזם" שבו. הדבר יעזור לו מאד בעתיד.

עודדו אותו **לשאול שאלות.**

למשל: בסוף כל יום, במקום השאלה השבלונית "איך היה לך היום בבית הספר" והתשובה הצפויה "כיף", שאלו אותו: "איזו שאלה טובה שאלת היום בכיתה?"
זה ישנה לחלוטין את הגישה שלו ואת יחסו ללימודים ולבית הספר. אגב, תשובותיו יסייעו לכם ללמוד ולהכיר את ילדכם טוב יותר. להבין מה מעניין ומסקרן אותו, דבר שהוא לא פחות חשוב ביחס לבחירת עתידו המקצועי מאוחר יותר.

◆ נוכחות הורית

לו שאלתי אתכם כיצד מתבטאת "מנהיגות הורית", מה הייתם עונים?
רשמו:*

_____

_____

_____

_____

* כאן תרשמו את תשובותיכם במחברות שלכם.

״מנהיגות הורית״ מתבטאת ביכולת ההורים לתת כלים ל״גוזל״ שלהם, כך שיוכל בבוא היום ״לעוף בבטחה מן הקן״. ההורים אמורים לתת לילדם כלים לחיים, אשר יפתחו בו עצמאות, ביטחון עצמי, דימוי עצמי גבוה והערכה עצמית. כל אלה יסייעו לילד לנהל את חייו באופן מלא ושלם – גם מחוץ ל״קן״.

הקניה זו מתחילה מגיל צעיר מאד והיא מכילה תבונה שיש להבין את מורכבותה ולנהלה מבלי למתוח את החבל חזק מדי, פן יקרע.

מהי ״נוכחות הורית״?

בעבר בחברות מסורתיות, השפעתו של ההורה הורגשה לא רק דרך השיחות עם הילד, אלא גם ב״נוכחות השקטה״ לצידו. חוקרי אינטליגנציה רגשית מסכימים, כי עצם העובדה שהילד יודע כי אתה כהורה ״נמצא שם בשבילו״ (שימו לב: שם פיזית. מי מביניכם העובד שעות ארוכות מחוץ לבית) יש בה כדי להרגיע את הילד, להפחית חרדות ולבסס תחושת ביטחון שיש לו אל מי לפנות.

משמעות ה״נוכחות ההורית״ במונחי ״ניהול זמן יעיל״ מתבטאת בעניין שההורים מגלים בעולמו של הילד. בלימודיו, בחבריו, תחביביו וביחסכם אל שעורי הבית שלו.

חשוב מאד לוודא כי הילד משריין זמן לפעילויות החשובות לו. מן הסתם ברוב המקרים יהיו אלה הלימודים תחילה. אך לא רק. יש ילדים שעבורם התחביב או החוג הם חשובים יותר. לא לזלזל! בין אם מדובר בלימודים, בתחביב או בחוגים, **יש לשריין זמן קבוע** למה שחשוב לילד!

שריון הזמן צריך להיות ריאלי ומדויק ככל האפשר. עליו להיות מותאם לאישיותו של הילד ולקצב האישי שלו. זאת על פי היכרותכם את הילד. הדברים צריכים להלום את אישיותו

ולא להלחיצו. שכן, אם מתעלמים מאלה, הדבר עלול לפגוע במוטיבציה של הילד ובשיתוף הפעולה שלו, כמו גם בתפוקות אליהן יגיע.

שיעורי הבית:

יש להקצות זמן לשיעורי הבית אך בשום אופן **אין הכוונה** לכתוב עבור הילד את שעורי הבית!

גם לא לשבת עם הילד!

שימו לב. בשלב מוקדם של לימודיו בכיתה א', מומלץ לשבת מעט יותר זמן איתו כדי לכוונו. אולם כבר **לאחר כחודשיים** בכיתה א', ואם אין בעיות מיוחדות עם הילד (קשיי קשב וריכוז, קשיים רגשיים או חברתיים), מומלץ להפחית משמעותית את זמן הישיבה המשותפת עם הילד ולוודא שהילד "חוקר בעצמו ומגלה" את העולם.
גם המענה על שאלותיו מצידכם יהיה בבחינת הכוונה כללית והנחיה. את התשובות הילד יגלה וינסח בעצמו. **הדבר חשוב ביותר!**

אני ממליצה לכם למדוד זמן: מדדו כמה זמן לקח לכם "לשבת עם הילד" וכן כמה זמן לקח לילד עצמו (בלעדיכם) להכין את שעורי הבית.

הדבר יאפשר בניית קנה מידה להערכת זמן משימות, מגיל צעיר מאד ויתרום לתכנון הזמן בהמשך.

ישום וביצוע

אחריות ההורים לוודא כי הילד מנהל את זמנו בתבונה, מיישם את שעורי הבית, יושב, כותב ומגיש את עבודותיו בזמן.

בשלב זה, יש להורים הערכת זמן לגבי כמות הזמן שלוקחת לו כל משימה. הדבר תורם להגעה להסכמה עם הילד על חלוקת הזמן לאורך היום כך שהילד ישב וילמד.

למשל:
אם הכנת שיעורי הבית בגילאים הצעירים לוקחת כחצי שעה, מומלץ לקבל החלטה כי כדאי לילד לסיים עם שיעורי הבית מיד לאחר ארוחת הצהריים וטרם יציאתו לחוגים/לחברים. או : להחליט כי את שיעורי הבית יכין עם חזרתו מן החוג.

הכול על פי אישיותו של הילד ומידת התאמת הזמן לאפקטיביות הריכוז והלמידה שלו. אולם משנתקבלה ההחלטה, חשוב מאד להתמיד בה ולא "לזגזג" ולשנותה תכופות. זאת לצורך הטמעת דפוס חיובי של שליטה ועמידה בזמן.

רצוי לא לפצל את שיעורי הבית בגיל הצעיר אלא לרכזם ולענות עליהם בזמן מדוד ומוקצב. הדבר מפתח בעקיפין כושר ריכוז ומיקוד גבוה ומקנה הרגלי למידה טובים להווה ולעתיד.

◆ מעקב ובקרה

כשהילד סיים את שיעורי הבית או את כתיבת העבודה אשר היה עליו להגיש, חשוב מאד לבדוק ולוודא שאכן כל שיעורי הבית בוצעו, וכי העבודה נכתבה בצורה תקינה וראויה למתבקש בגילו. בשלב זה, מומלץ לכוון את הילד לתיקונים נדרשים טרם ההגשה.

♦ **זמן מבחן: ההכנה למבחן**

אם הילד עמד בשני השלבים הקודמים: "ישום וביצוע", "מעקב ובקרה", הוא כבר "שולט בחומר" ודי מוכן למבחן עצמו.

ובכל זאת, לקראת המבחן, **תכנון הזמן חיוני ביותר!**

חשוב ללמד את הילד **לארגן את החומר** על פי **הנדרש למבחן**. לא כל החומר הנלמד יהיה גם במבחן.

המיקוד חשוב לניהול הזמן באופן יעיל! מיקוד הנושאים ובנייתם על פי סדרי עדיפויות והערכת שכיחות הופעתם בבחינה יקלו מאד על ניהול הזמן באופן יעיל.

במהלך התכנון, יש להעריך יחד עם הילד **זמן למידה משוער לכל נושא** ולהתחיל את הלמידה מראש מהנושאים "הכבדים" יותר, אל הקלים יותר, **בסדר חשיבות יורד.**

הילד ילמד על פי הקצאת הזמן שלו למבחן ואתם כהורים "תיפגשו" איתו עוד פעמיים בנושא זה. אם הוקצה לילד שבוע למידה, "הפגישה" הראשונה תיערך אחרי שלושה ימים כדי לוודא כי הוא מתקדם על פי התכנון . פגישה שנייה תתקיים בתום שבוע למידה בו תוכלו אם תרצו (לא חובה) לשאול אותו שאלות אקראיות ולוודא שליטתו בחומר.

♦ זמן פנאי: חוגים וחברים

תכנון וניהול זמן יעיל עם הילד פירושו הקצאת זמן גם לפנאי, לחוגים ולחברים.

הילד לומד כי "כל דבר בעיתו" וכי אם יארגן את הזמן ביעילות ויעמוד במשימותיו יתפנה לו זמן רב ועשיר יחסית לפנאי, לחוגים ולחברים.
הדבר חשוב מאין כמותו לפיתוח אישיותו הבוגרת והמכילה ולהעשרת חייו.

ככל שהטמעת הכלים לניהול זמן יעיל מגיל צעיר תהא טובה יותר, כך עולמו של הילד יהא עשיר ומלא בתכנים רגשיים, חברתיים ועיוניים לביסוס אישיותו הבוגרת.

לסיכום, אינני מכירה תחושת סיפוק גדולה מזו המאפיינת **הצבת מטרות גבוהות והשגתן.**

כך תגדלו winner בכל התחומים לאו דווקא בלימודים. החוקים הם אותם חוקים התקפים בכל תחום ובכל מעגל בחיים.

19

פרק ב: ניהול הזמן לילד בחטיבת הביניים

בפרק זה תגלו:

- כיצד לאמן את הילד לנהל את הזמן ביעילות?
- תכירו ותקבלו מבחר כלים מן "האימון הרגשי".
- תכירו ותקבלו מבחר כלים מן "האימון הקוגניטיבי".

צעד 2. חטיבת הביניים

"תנו לילד חכה במקום דג".
אמנו אותו לנהל ולהוביל את הזמן בתבונה במקום "להסתובב
סביבו".

ברכות.

ילדכם הגיע אל חטיבת הביניים. מסגרת הלימוד הנפוצה
והמיועדת לגיל ההתבגרות המוקדמת.

קיים פער בין הסביבה הבית ספרית בחטיבת הביניים לבין זו
המאפיינת את בית הספר היסודי. בית הספר היסודי על פי רוב
אינו גדול והכיתות בו יחסית קטנות בהשוואה לחטיבת
הביניים הגדולה והמורכבת מכיתות רבות ועמוסות בכל שכבת
גיל.

חטיבת הביניים הינה ציון דרך משמעותי בזמן. חטיבת
הביניים מהווה שלב הכנה ו"קרש קפיצה" לתיכון.

הרבה פעמים קורה שחטיבת הביניים מאמצת לעצמה דפוסי
ארגון ונורמות לימוד של בתי הספר התיכוניים. כגון: מיון
התלמידים לקבוצות ולמגמות לימוד שונות והצבת ציפיות
גבוהות מן התלמידים. דבר זה מוליד תחושת לחץ, תובענות
ותחרותיות לימודית בקרב התלמידים.

בחטיבת הביניים יש דגש רב על התמודדות עצמית של הילד
עם חומרי הלימוד. ועדיין, שיטת הלימוד ברובה הינה השיטה
המסורתית המושתתת על העברה פרונטאלית של החומר על
ידי המורים.

בחטיבת הביניים יש פחות דגש על פעילויות ושיטות למידה
יצירתיות ומותאמות אישית לצרכי הילד. כמו כן, האקלים

הבית ספרי בחטיבה הוא פחות תומך רגשית בהשוואה לבתי הספר היסודיים.

ילד אשר "לא מוצא את עצמו" במהלך השיעור, אם בשל התכנים או בשל סגנון ההעברה הפרונטאלי והפחות מפעיל, עלול להימשך אל הסחות דעת ואל "גזלני זמן" טכנולוגיים ונפוצים. בהם טאבלטים, סמארטפונים ועוד.

הקשרים עם המורים בתקופה זו ברובם רופפים ולמרבה הצער יש פחות מעורבות של ההורים בחיי ילדם בגילאי החטיבה.

בגילאי חטיבת הביניים המשיכה לעבר המעגל החברתי, והשהות רבת השעות מחוץ לבית ועם חברים, הינה בולטת במיוחד ובאה על חשבון הלימודים.

כל אלה משפיעים כמובן על הישגיו של הילד, על התנהגותו ועל התפתחותו.
בשנים האחרונות ישנה מגמה עולמית של היעדרויות תכופות מן הלמודים ושיעור הנשירה מבתי הספר עולה בהתמדה.

ישנה גם עליה בתחושת הלחץ על הילד, חוסר שביעות רצון עצמית, קשיי קשב וריכוז, ירידה בהערכה העצמית ובמוטיבציה האישית עד איבוד עניין לחלוטין בלימודים.

קיימות עדויות לכך שעם המעבר לחטיבה חלה ירידה בקריאה לשם עניין והנאה.

ברור שעל רקע זה קיים ספק ביכולתם של המורים להתמודד עם תהליכי הלמידה בכיתה עמוסה והטרוגנית. בוודאי שכמעט ולא יוכלו הם להגיע לילדים המתקשים בניהול הזמן שלהם, בארגון המטלות ובקביעת סדרי עדיפויות.

יש חשיבות גדולה לניהול הזמן בגיל זה. הסיוע שלכם ההורים לילדכם תלמיד החטיבה המצוי בעיצומו של גיל ההתבגרות, הינו משמעותי ובעל ערך השפעה על התפתחותו.

22

הקניית כלים לניהול זמן יעיל ואפקטיבי תסייע להגברת
ההנאה של ילדכם מן הלמודים, תתרום להעלאת המוטיבציה
שלו ולהפחתת החרדות והלחץ האישי כתוצאה מן הדרישות
הרבות בחטיבה.

הקניית היסודות לניהול הזמן תביא את הילד לשליטה, מיקוד,
שיקול דעת והובלה אישית ויצירתית עד להשגת יעדיו בבטחה.

ניהול הזמן באופן יעיל מהווה מפתח רב משמעות לפיתוח
עצמי של הילד ולהעצמתו האישית בגילאי חטיבת הביניים.

למעשה, יש לראות בניהול הזמן בחטיבה גם בסיס לפיתוח
עצמי לקראת התיכון ובחינות הבגרות.

כיצד לאמן את הילד לנהל את הזמן ביעילות?

מדובר **באימון רגשי ובאימון קוגניטיבי**.

האימון הרגשי – כולל ליווי ומתן תמיכה לילד בקשייו הרגשיים.
האימון הקוגניטיבי – כולל מתן כלים ופיתוח **אסטרטגיות למידה** אשר יאפשרו לימוד מוצלח ובזמן קצר, ממוקד וקולע.

חשוב להתחיל ולדבר עם הילד במונחים של **מטרות ויעדים**. בקשו מילדכם להציב לעצמו מטרה ברורה וספציפית לכל מקצוע.

עשו זאת באופן הבא:*

מקצוע: _____
מטרה:
_____
_____

מקצוע: _____
מטרה:
_____
_____

מקצוע: _____
מטרה:
_____
_____

24

לדוגמא:

מקצוע: מחשבים.
מטרה: הבנה ושליטה בתחום בניית אתרים.

* כאן תרשמו תשובותיכם במחברות שלכם.

הצבת המטרה – מאפשרת מיקוד, הנעה לעבר השגתה והתארגנות טובה יותר בזמן.

האימון הרגשי

האימון הרגשי כולל תמיכה, חיזוק, דחיפה והנעה רגשית. מעין "תחזוקה פנימית" משמעותית שבלעדיה הכלים הקוגניטיביים לא יועילו.

ההמלצה היא **לא לזלזל בכלים הרגשיים.** להיפך : להשתמש בהם כדי שהילד יוכל ליישם את הכלים הקוגניטיביים בצורה הרבה יותר יעילה ומוצלחת.

האימון הרגשי יפתח בילד אינטליגנציה רגשית ויכולת מושכלת ורגשית למיקוד אישי ולניהול זמנו בתבונה.

דוגמא לאימון רגשי:

ליווי הילד באמצעות תצפית נקודתית ובשלבים שונים של הלמידה או ביצוע המשימה.

ההורה ייתן לילד חיזוקים חיוביים לצורך עידודו ללמידה וישתמש בביטויים : "כל הכבוד!" "אתה מתארגן מאד יפה!" "אתה מתקדם" "תפסת את הנושא" "הצלחת" וכדומה.

החיזוקים מעודדים את הילד, נוסכים בו ביטחון ומעלים את המוטיבציה שלו להמשיך ולהצליח.

מבחר כלים מן האימון הרגשי לטובת "גיוס" הילד למטרה, העלאת המוטיבציה וניהול רגשות קשים:

- זהו ואתרו יכולות וכישורים אישיים של הילד ועודדו אותו על ידי חיזוקם בתודעתו.

- חזקו כיוונים שהילד אוהב, אשר קל לו עמם והוא מתחבר אליהם רגשית.

- חזקו הצלחות ותוצאות מעולות לילד.

- אתרו גורמי הנעה ואתגר על פי אישיותו של הילד. שאלו אותו מה מאתגר ומסקרן אותו?

- קחו אותו לטיולים, ביקורים במוזיאונים למדע ולאתגרים בטבע.

- העריכו תוצאות על פי היעדים שהילד מציב והדרך שהשקיע להשגתם.

- עודדו את הילד לקחת שליטה ואחריות אישית על ניהול הזמן שלו.

- עודדו את הילד ליצירתיות ולזרימה בדרכי הפעולה שלו, על פי אישיותו.

- עודדו את הילד ללמידה ולשיפור מתמיד.

27

- עודדו את הילד להתמודדות עם קשיים ותסכולים, ולשליטה באתגרים חדשים.

- סייעו לו במיקוד פנימי להצלחה, על ידי תרגילי דמיון מודרך ופיתוח גישה חיובית ומובילה.

- עודדו את הילד למצוינות אישית.

האימון הקוגניטיבי:

האימון הקוגניטיבי הינו מקור לכלים מעשיים ו"ברורים לעיין".
הכלים ברובם פרקטיים מאד ויישומם יבטיח ניהול וניצול מיטבי של הזמן.

אולם אין לטעות : האימון הקוגניטיבי איננו עולה בחשיבותו על האימון הרגשי.
ילד עמוס רגשית, מבולבל, לא בטוח בעצמו או בשאיפותיו, יתקשה להתחבר לנדרש ממנו באימון הקוגניטיבי.

כהורים, חשוב להבחין בין התכנים הנלמדים בחטיבה לבין מיומנויות הביצוע. כדי שתכני הלימוד יהיו ברורים לילד, עליו להשתמש במיומנויות שתעזורנה לו להבין את התכנים, ללמוד ולשלוט בהם היטב.

דוגמאות לאימון קוגניטיבי:

- פישוט המשימות למשימות משנה קלות וברות ביצוע.

- בניה מדורגת של המשימה מן הקל אל הכבד.

- בניה מתוכננת של המשימה על פני זמן : נדבך אחר נדבך.

- התמקדות ומכוונות להצלחה, על ידי אימון מנטאלי של המוח והפעלת דמיון מודרך. טכניקה משותפת לאימון הקוגניטיבי והרגשי.

- הפעלת "חוק המשיכה" במכוון על ידי תאור מנטאלי ברור של תמונת ההצלחה לילד.

- חיזוק הביטחון העצמי על ידי שידור אל התת מודע כי הכל בשליטה וכי הילד משיג את יעדיו.

מבחר כלים מן האימון הקוגניטיבי לטובת מיקוד הילד למטרה, ארגון הזמן ביעילות והשגת תוצאות יוצאות דופן:

- ארגנו יחד עם ילדכם ועל פי טעמו האישי את הסביבה הלימודית שלו, שולחן הכתיבה והחדר.

- הציבו מעמדים למיון דפים ונושאים.

- קבעו יחד עימו זמן יומי לארגון הסביבה. התמדה בכך, תחסוך זמן ותמנע באופן שוטף אי סדר.

- הדריכו את הילד בהכנת טבלה שבועית ממוקדת משימות הנדרשות ממנו.

- קבעו יחד עימו שעה יומית קבועה להכנת שעורי הבית ולהכנת עבודות.

- עודדו אותו לקריאה יעילה וממוקדת.

- שאלו את הילד שאלות לצורך הבטחת הבנת הנקרא.

- עודדו אותו לפיתוח הבחנה בין עיקר לטפל.

- אמנו את הילד להצבת מטרות, יעדים ומדדים.

- אתרו מראש ומוקדם ככל האפשר, קשיי למידה מנטאליים ורגשיים.

31

- קבלו החלטה משפחתית כיצד לתת מענה טיפולי לקשיים.

- פתחו שיטות לארגון המידע הנלמד, השתמשו בראשי פרקים ובטבלאות.

- לצורך פיתוח טכניקות לשיפור זיכרון הילד, עודדו אותו לשימוש בכרטיסיות מידע ממוקדות.

- שימו לב וזהו האם ילדכם הוא "טיפוס ויזואלי" ה"מצלם את הנתונים" ומשתמש בזיכרון חזותי? אם כן, עודדו אותו ליצירת "תמונה" חזותית של הפרטים, תוך שימוש במרקר צבעוני, טבלאות ו"משחקי זיכרון" אישיים.

- לקראת בחינה : הנחו את הילד לריכוז חומרי הלימוד בטבלה ותכנונה על פי ימי הלימוד.

- הנחו את ילדכם לחיבור שאלות על חומר המבחן ומתן מענה עליהן.

32

דוגמא לשימוש בשני האימונים - רגשי ומנטאלי:

אימון רגשי

הנושא:

תרגיל במתמטיקה שלא ידע לפתור. כגון: משוואה עם שניים או שלושה נעלמים.

ההורה צופה בילד בשלושה שלבים שונים של התמודדות: בתחילת המשימה, בעיצומה ובסיומה.

בכל נקודת זמן יעודד את הילד ויחזק את בטחונו העצמי. ההורה ישתמש במילות עידוד כגון: "אתה תצליח" "אתה מתקדם" וכדומה. ביטחונו העצמי של הילד יתחזק, המוטיבציה שלו להצלחה תעלה, הוא ירגיש בעל ערך ויתמקד יותר בביצוע ובפתרון.

אימון מנטאלי:

הנושא:

תרגיל במתמטיקה שלא ידע לפתור. כגון: משוואה עם שניים או שלושה נעלמים.

ההורה יסייע לילד בשלבים הראשונים של הפתרון, (או ישתמש בסיוע מורה פרטי אם נדרש), לפשט את המשוואה על ידי חלוקתה לשלבי משנה.

ההורה יעודד מנטאלית את הילד. הוא יספר לילד כי במוחו קיים "שרת על" הממתין ל"פקודותיו" והרוצה מאד לממש את כל רצונותיו.

"שרת העל" הזה נקרא "התת מודע" והוא יוכל לסייע לו כמו שרת נאמן, לממש כל מטרה.

כדי שיצליח בכך, עליו לבוא עם ראש פתוח לפתרון המשוואה.

עליו לשדר לתת מודע שיצליח: "שדר לתת מודע שזה קל ותראה שתמצא את הפתרון ותצליח". על ההורה לעודד את הילד ולאמנו לראש פתוח, סקרן וחוקר.

ההורה יחזק את ביטחונו העצמי של הילד, כי מדובר במשימה פשוטה וכי הילד יעמוד בה בצורה קלה ומבטיחה.

לסיכום צעד זה יש לזכור !

השקעה בזמן והקניית כלים לניהול זמן יעיל לתלמיד בחטיבת הביניים, יקנו לו בסיס איתן לצעד השלישי החשוב : **התיכון.**

פרק ג: ניהול הזמן בתיכון ולקראת בחינות הבגרות

בפרק זה תגלו

- איך לקבוע סדרי עדיפויות מועילים המשפיעים נחרצות על ניהול הזמן?
- מהו "מבחן S.M.A.R.T" וכיצד הוא מסייע לקביעת מטרות?
- מהו מודל "חשוב/דחוף" והשפעתו המכרעת על ניהול זמן יעיל?
- מהי התנהגות רצויה לילד בזמן מבחן, המשפיעה גם על התוצאות?
- טיפים לניהול זמן יעיל לילד ולהורה.

צעד 3. התיכון

תלמיד תיכון בימינו נראה כמו אחד האנשים העסוקים ביותר בעולם. יש לו פעילויות רבות בבית הספר ומחוצה לו והרבה עבודה הנדרשת ממנו בבית הספר ובבית.

נדמה כי לעולם לא יספיק לעמוד בעומס המשימות המוטלות עליו, וככל שמתקרב מועד בחינות הבגרות הוא מרגיש כי הזמן אוזל לו.

זאת לצד תחושה אישית כי רוב זמנו מוקדש ללמידה על חשבון החברים ואולי גם המשפחה. דבר המתסכל אותו מאד.

עליכם לעודד את ילדכם למענה כן ואמיתי עם עצמו ולשאול אותו כמה זמן הוא גולש סתם כך באינטרנט? הוסיפו ושאלו מה חשוב לו יותר כרגע, למודים או חברים? בררו כמה זמן כעת הוא מקדיש לבילוי בספריה או ללמידה?

הבהירו לילד שכל עוד הוא תלמיד תיכון, מן הראוי שמה שקשור ללמידה יקבל כרגע חשיבות ועדיפות עליונה. כמו כן חשובות פעילויות תומכות למידה כגון : חוגים ומרכזי למידה ורק בסוף – המעגל החברתי.

אני ערה להתנגשות שבין הצורך החברתי הנמצא כרגע בשיאו כבן עשרה, לבין דרישות הלימוד בתיכון ולפני בחינות הבגרות. אולם יש לחזור ולהדגיש את אחריותו האישית של הילד ומחויבותו לסלילת עתידו האישי.

מומלץ לברר איתו כמה חשוב לו להצליח? ולחדד אחריותו האישית לתוצאות ולקבלת ההחלטות שלו.

המפתח לניהול הזמן ביעילות נמצא בהצבת מטרות, תכנון נכון וקביעת סדרי עדיפויות.

הבשורות הטובות הן, שאם הקניתם את היסודות לניהול זמן יעיל מגיל צעיר מאד, הרי שרוב הסיכויים הם שהילד מגיע לתיכון כשהוא רציני, אחראי ומודע למטרותיו.

אם ילדכם נמצא בגיל תיכון כעת, עדיין לא מאוחר מדי ותוכלו לשנות. אם כי תצטרכו להיות הרבה יותר נחושים וברורים בהקניית הכלים לניהול הזמן וב"גיוסו" מרצון לטובת התהליך.

יש להבהיר כי בשלב זה של התיכון, ניהול הזמן שלו מקבל משנה חשיבות. שהרי במהלך התיכון יבחן בבחינות הבגרות ויפלס דרכו לקראת האוניברסיטה או המכללה.

עליו אם כן, להיות מאד יעיל ומאורגן עם הזמן כדי למקסם את יכולותיו ולהגיע לתוצאות אדירות ויוצאות דופן!

השתתפותו הפעילה בניהול הזמן שלו ובארגון תהליכי למידה אישיים ביעילות ובאפקטיביות נדרשים מאד.

המחקר מראה כי יש קשר מובהק בין שימוש בניהול זמן יעיל ובאסטרטגיות למידה של בני נוער, לבין הישגיהם.

תלמידים המשתמשים בתכנון, במעקב ובפיקוח תוך העלאת שאלות לפני הבחינה ופתרונן, מגיעים להישגים גבוהים יותר.

תלמידים אלה בדרך כלל מוכשרים גם ביכולת ויסות עצמית, בהבנת הנקרא ובמיקוד בעיקר.

הכול מתחיל בקביעת מטרה!

חשוב כי תעודדו את הנער **לקבוע מטרה לכל נושא ומבחן.**

על המטרה שהוא מציב, לעמוד **ב"מבחן S.M.A.R.T** מבחן זה הוא מודל המסייע לאמוד ולהעריך הצבת מטרות.

"מבחן S.M.A.R.T" כולל את המשתנים הבאים:

Specific – מטרה ספציפית וקונקרטית.

Measurable – מטרה מדידה. ניתן למדוד אותה.

Accurate, Attractive – על המטרה להיות מדויקת אך גם מאתגרת ואטרקטיבית.

Reasonable, Real – על המטרה להיות ממשית ורציונאלית.

Tangible, Time – על המטרה להיות מוחשית ומוגדרת בזמן.

דוגמא להגדרת מטרה העומדת ב"מבחן S.M.A.R.T":

הנער:

"מטרתי היא להיות המוביל בכיתה בתחום המתמטיקה, בשנת הלימוד הנוכחית".

בדיקת המטרה על פי "מבחן S.M.A.R.T":

Specific – המטרה ספציפית וקונקרטית: מתמטיקה.

Measurable – המטרה מדידה. ניתן למדוד את הציונים שהתקבלו.

Accurate, Attractive – המטרה מדויקת אך גם מאתגרת ואטרקטיבית: "מוביל".

Reasonable, Real – המטרה ממשית ורציונאלית, במידה שהילד מאד מוכשר במתמטיקה.

Tangible, Time – המטרה מוחשית : "מוביל בכיתה" ומוגדרת בזמן : "שנת הלמודים הנוכחית".

עם קביעת המטרה, על הילד לוודא כי היא עומדת ב"מבחן S.M.A.R.T" מבחינתו האישית ומבחינת לוח הזמנים שלו.

רצוי ומומלץ :

◆ **להציב לכל מטרה שהוגדרה 2-3 יעדים המתבטאים בכמות ובזמן.**

◆ **היעדים, משמשים כעין "אבני דרך" ו"מטרות מעשיות" בדרך להשגת המטרה.**

◆ **היעדים מבטאים את כמות החומר הנדרש ללמידה ואת מסגרת הזמן בה תושג הלמידה.**

הצבת יעדים לדוגמא:*

א.   נושא הלמוד: _____
מטרה:
_____
_____

יעד (1) : _____
כמות: _____
זמן: _____

יעד (2) : _____
כמות: _____
זמן: _____

ב.   נושא הלמוד: _____
מטרה:
_____
_____

יעד (1) : _____
כמות: _____
זמן: _____

יעד (2) : _____
כמות: _____
זמן: _____

ג.   נושא הלמוד: _____
מטרה:
_____
_____

40

יעד (1) : _____

כמות: _____

זמן: _____

יעד (2) : _____

כמות: _____

זמן: _____

* כאן תרשמו תשובותיכם במחברות שלכם.

לדוגמא:

נושא הלמוד : ___ביולוגיה_____

מטרה : _____לימוד למבחן המתקיים בעוד 10 ימים_____

יעדים על פי : כמות/זמן

יעד (1): ארגון החומר בראשי פרקים.

כמות: 100% מהחומר מאורגנים בראשי פרקים.

זמן: היום ה – 1 ללימוד, יוקדש לארגון החומר על פי ראשי פרקים.

יעד (2): עד היום ה-4 , לימוד של 50% מהחומר.

כמות: פרקים א – ח.

זמן: ימים 2 - 4.

יעד (3): עד היום ה-8, לימוד 50% הנותרים מחומר הלימוד למבחן.

כמות: פרקים ט-יב.

זמן: ימים 5 – 8.

• ימים 9,10 יוקדשו לחזרה.

קביעת סדרי עדיפויות לכל תחום

כדאי לוודא עם ילדכם, מתי הוא **זמן הלמידה הטוב ביותר עבורו** לאורך היום.
זמן זה יוקדש ללמידה ויניב תפוקות גבוהות במיוחד. כמו כן, יש לבדוק את מודעותו להרגלי הלמידה שלו.

על ילדכם לארגן את המטלות הלימודיות לסוגיהן. הדבר יקל עליו לתכנן מראש ולעמוד בעומס המטלות הצפוי.

יש לעודדו ולחזק תודעתו, כי בסיסי הידע שלו טובים וכי קל יותר יהיה לו לקלוט ידע חדש על בסיס ידע קיים.

קביעת סדרי עדיפויות לכל תחום **הינה חשובה מאין כמוה** לניהול זמן יעיל ואפקטיבי.

קביעת סדרי העדיפויות תתבצע בשני אופנים:

- **ב"שוטף":** המייצג את היומיום ומבטא דירוג הנושאים ללימוד על פי חשיבותם.

- **לקראת בחינות:** תקופה המתאפיינת בלחץ ועומס בשל קיום בחינות במקביל.

- בתקופת הבחינות, חשוב מאד לעבור על הנושאים העיקריים בכל מקצוע, לאור המיקוד הראשוני של החומר לבחינה .

- התיעדוף יתבצע **על פי חשיבות:** מהנושא החשוב ביותר להצלחה בבחינה לפחות חשוב. הכול **מהיבט ריאלי ומפוכח** ביחס למטרה שהנער מציב לעצמו.

דירוג המשימות על פי "מודל חשוב דחוף" :

מודל זה, מציע הפרדה בין משימות ״דחופות״ ל״חשובות״.

ההבחנה הינה מרכזית לאיתור ״גזלני זמן״ והסחות דעת על חשבון המשימות החשובות ולמיקוד במטרות החשובות.
דירוג המשימות במודל, מתבצע באופן הבא:

מודל "חשוב/דחוף":

A חשוב מאד ודחוף מאד **(15%)**	**C** דחוף מאד ולא חשוב **(10%)**
B חשוב מאד ולא דחוף **(70%)**	**D** לא חשוב ולא דחוף **(5%)**

♦ ההבדל בהגדרה בין חשיבות לדחיפות:

המפתח לניהול זמן יעיל טמון בהבנת ההבחנה שבין "חשיבות" ל"דחיפות".

חשיבות – מציינת כל פעולה התורמת באופן ישיר להשגת המטרה.

דחיפות – מאפיינת כל פעולה שיש לה אילוץ של זמן "dead line", אך היא **אינה תורמת להשגת המטרה.**

לדוגמא:

אם מטרת הילד היא להוביל בתחום המתמטיקה, כל פעולה שתחזק ידיעותיו הנדרשות לתחום – תזוהה כ"חשובה".

כל פעולה שאינה תורמת להשגת המובילות במתמטיקה אך יש לה אילוץ של זמן, תוגדר כ"דחופה". למשל: יציאה לטיול שנתי כיתתי, במועד סמוך למבחן במתמטיקה.

הגדרת המשימות על פי מודל "חשוב/דחוף":

A – משימות חשובות מאד ודחופות מאד. כלומר הן תורמות ישירות להשגת המטרה וה- dead line שלהן קרוב מאד.

B - משימות חשובות מאד אך אינן דחופות. כלומר הן תורמות ישירות להשגת המטרה וה- dead line שלהן יחסית רחוק : בין שבוע לשלושה שבועות **זמן הכנה מראש**.

C- משימות דחופות שאינן חשובות. הכוונה למשימות "שוטפות" שאינן בהכרח קשורות למטרה אך **"נדחפות"** ללוח הזמנים ו"משתלטות" עליו. למשל : דחוף להוציא את הכלב עכשיו. הדבר דחוף כי הוא לא יצא מהבוקר, אבל הוא אינו חשוב למטרה : למידה למבחן.

D - משימות שאינן חשובות ואינן דחופות. הכוונה ל"מסיחים" ול"גזלני זמן" שאין להם חשיבות ואשר אינם מקדמים את השגת המטרה. למשל : צפייה בטלוויזיה, גלישה סתמית ברשתות חברתיות וכדומה.

תכנון זמן יעיל יכיל את סדרי העדיפויות הבאים:

חשיבות עליונה למשימות "B".

חשוב להתחיל דווקא במשימות "B " ולהקדיש להן את רוב הזמן.

יש לתכנן כך:

"B " – כ- 70% מהזמן ינוצל ל- משימות "B".

"A" – כ- 15% מהזמן יוקדש ל – משימות "A ".

"C - כ- 10% מהזמן יוקדש ל – משימות "C ".

"D " -כ-5% מהזמן יוקדש ל – משימות "D ".

כללים אלה, יבטיחו הובלה ושליטה בניהול הזמן ביעילות.
הכללים מעולים הן ללמידה "שוטפת" ויומיומית והן לקראת
בחינה בכל תחום.

◆ לאחר קביעת סדרי העדיפויות, **יהיה קל מאד לבנות את התכנון החודשי, השבועי והיומי.**

◆ בנית לוח הזמנים החודשי / השבועי / היומי, תדרוש הערכת זמן לכל משימה.

◆ מומלץ להנחות את ילדכם לבניית תחזית חודשית ולסמן בתוכה מועדים מיוחדים, פרויקטים להגשה, מאמרים ועבודות בית.

יש להפעיל **שיקול דעת** בהקצאת הזמן, התחום והנושא הלימודי. זאת **על פי סדרי עדיפויות.**

יש לשבץ בתכנון גם פעילויות תומכות למידה. לוח הזמנים המתוכנן, יאפשר איתור זמן פנוי.

חשוב מאד לנהל את הזמן הפנוי בתבונה ולתבלו בהפוגה מהנה עם חברים ותחביבים. כגון : ספורט והתעמלות, חוגי מוסיקה ופנאי.

בדרגה נמוכה יותר של עדיפות יש להציב פעילויות שאינן לימודיות. כגון : בייבי סיטר, ועבודות מזדמנות.

יש לקבוע ערב אחד בשבוע ליציאה לבילוי עם חברים. בזמן הבגרות יתכן שיצטרך לוותר עליו לצורך למידה.

חשוב ביותר !
לתשומת הלב !

במקרה של מבחנים מקבילים ובמועדים סמוכים, יש לזהות מראש את ה-"B " בהתייחס לכל מקצוע מבחינת חשיבותו והערכת זמן לכל נושא ותת נושא במקצוע.

יש לדרג את הנושאים ולקבוע לוחות זמנים ללמידה. יש לארגן את הנושאים ולוחות הזמנים בסדר יורד, מן הקשה אל הקל, מן ה"חשוב" אל ה"דחוף".

התנהגות בזמן מבחן:

עם ההכנה האסטרטגית, הרגשית והמנטאלית, ילדכם ודאי יגיע מוכן הרבה יותר וממוקד למבחן.

עם זאת חשוב ומומלץ:

- לא ללמוד ערב לפני הבחינה.

- ללכת לישון מוקדם. חשוב מאד לישון היטב. חוסר שינה פוגע בריכוז. מביא לעייפות כרונית ולהשפעה שלילית על התוצאות וההישגים.

- לבצע "דמיון מודרך" ולשדר תמונה חיובית אל התת מודע.

- במהלך המבחן: לקרוא היטב את ההוראות, השאלות ולהבינן! 70% מהטעויות במבחן נובעים מאי קריאת ההוראות, השאלות או מהבנה שגויה שלהן.

- לתכנן זמן בדיקה אישית טרם מסירת המבחן.

- להקפיד שלא להגיש את הבחינה לפני בדיקתה תוך מעבר דקדקני על התשובות, חשיבה על השאלות ווידוא מענה נכון ומלא.

טיפים נוספים לניהול זמן יעיל:

- **שינה:** יש להקפיד לפחות על 7-9 שעות שינה. חוסר/עודף בשעות שינה, פוגע רבות בערנות, בכושר הריכוז וביכולת לקלוט את החומר הלימודי.

- **השכמה בבוקר:** מומלץ להתעורר חצי שעה מוקדם יותר ולהתקלח. המקלחת תרענן ותוסיף אנרגיות לקראת יום חדש.

- **מומלץ לתכנן זמן גם** לארוחת בוקר טובה ובריאה. הארוחה תאפשר ריכוז מנטאלי מצויין.

- **הורים:** היו מעורבים ושאלו שאלות להבטחה עדינה של "נוכחות הורית" גם בגיל העשרה.

- **קחו עזרה** אם נדרש, בשעורים פרטיים קונקרטיים אשר יאירו את עיני ילדכם ויקנו לו מיומנויות למידה אפקטיביות.

- **תגמלו** על הצלחות בהתארגנות ובהתקדמות על פי התכנון.

- **צמצמו פעולות מסיחות** כגון: בייבי סיטר, בתקופת הבחינות.

- **בזמן למידה**: יש לצמצם מסיחים על ידי כיבוי מכשיר הטלפון, הימנעות מבדיקת אי.מיילים וכדומה.

- לפני **הגשת עבודה בכתב** יש לתכנן זמן בדיקתה.

- **להימנע מבזבוז זמן.** אם הנער מוצא עצמו מבזבז זמן על דברים לא חשובים, עליו לעצור ולחזור אל תכנון לוח הזמנים שלו ולהתמקד במה שהציב בסדר עדיפות גבוה.

- אם הנער **משהה או מעכב נושא** בשל חוסר שליטה או חוסר ביטחון בתחום, יש לעודדו להיעזר בסביבה שלו. כולל תלמידים שולטים, מורים פרטיים וגם אתם, ההורים במידת היכולת.

- קביעת **לוח הזמנים למשימות** תהיה על בסיס הערכה וביצוע. יש לבדוק כמה זמן בפועל לוקחת כל משימה מתוכננת ואז ליצור לוח זמנים חדש ומדויק יותר.

- על **הנער לקבוע לעצמו** זמני מנוחה.

- עליו **לטפח בריאותו.** רק בגלל שהוא "לחוץ בזמן" לא אומר שעליו לאכול מזון לא בריא. מומלץ כי ישים על שולחן הלמידה שלו צלחת פירות וירקות מידי יום לצד קנקן מים קרים.

- מומלץ **לעשות התעמלות** לפחות 30 דקות ביום. הדבר יתמוך בו פיזית ורגשית.

- יש להציב את **לוח הלימודים המתוכנן** במקום מואר ובולט כך שניתן יהיה להעיף בו מבט מפעם לפעם ולבדוק עד כמה מתקדמים על פי התכנון.

לסיכום

יש לעודד את ילדכם לעשות הכול כדי ליהנות מזמן לימודיו בתיכון. זה ישתלם לו עם בגרותו!

פרק ד: גיבוש תפיסה הוליסטית לניהול זמן

בפרק זה תגלו:

- מהי תפיסה הוליסטית לניהול זמן וכיצד לטפח תפיסה כזו.
- מכוונות עצמית והשפעתה על התוצאות.
- סיכום עיקרי השיטה לניהול זמן יעיל של אורית טינו פרץ – "יוזמה".

צעד 4. תפיסה הוליסטית לניהול זמן

חשוב לפתח תפיסה הוליסטית של ניהול זמן.

מהי תפיסה הוליסטית של ניהול זמן?

מדובר בתפיסה כוללת הרואה את החיים על מעגליהם השונים: המעגל החברתי, האישי, הלימודי, המקצועי, הזוגי והמשפחתי כמערכת הוליסטית אחת. מערכת שלימה.

על פי התפיסה ההוליסטית לניהול זמן, יש להקצות זמן **לכל מעגל חשוב בחיים** על מנת ליצור **איזון והרמוניה** ב"תמונת הזמן" האישית, ולמנוע תחושה כי מקדישים את מירב הזמן למעגל אחד על חשבון מעגל אחר, אשר כמעט ואינו בא לידי ביטוי.

הורים בעלי תודעה מפותחת ותפיסה הוליסטית של ניהול זמן, יקנו לילדם תפיסה הכוללת את מעגלי החיים המרכזיים: עבודה/למודים, אהבה/זוגיות, ופנאי/חוגים/חברים.

הורים אלה יעודדו את הילד לאזן בין המעגלים.

רק ניהול יעיל ואפקטיבי של הזמן, יוכל להבטיח הכלה ואיזון של המעגלים השונים.

על ההורים לזכור כי קודם לטכניקות, יש חשיבות מכרעת להבנת צרכי הילד, לחידוד ההכרה והמודעות באשר לגורמים המניעים את ילדם.

הורים מודעים, יהיו מעורים ומעורבים בנדרש לילדם לצורך תפקודו ביעילות תוך שימוש בהרגלי עבודה טובים להשגת המטרות.

מודעות גבוהה ושליטה בניהול הזמן במעגלי החיים השונים,
תאפשר להורים להפוך ל״הורים מנהיגים ומעצבים״ המקנים
לילד כלים יוצאי דופן לחיים של סיפוק והגשמה עצמית.

עקרון "המכוונות העצמית"

"מכוונות עצמית" פירושה מיקוד גבוה במטרה וגיוס פנימי עצמי לקראת השגתה.

מחקרים מראים כי תלמידים בעלי מכוונות עצמית גבוהה מצליחים הרבה יותר מאלה שאינם בעלי מכוונות עצמית.

מכוונות עצמית כוללת 3 מאפיינים עיקריים:

1. מוטיבציה אישית ופיתוחה לאורך כל הדרך.
2. שימוש באסטרטגיות למידה עצמית.
3. משוב עצמי והפקת לקחים אודות יעילות הלמידה.

מאפייני הילד בעל תפיסה הוליסטית לניהול זמן:

◆ תלמיד התיכון כעת הוא בעל מוטיבציה פנימית גבוהה, תושיה, יוזמה ומודעות עצמית גבוהה.

◆ הוא מכוון עצמו אל מטרות הלמידה, מפקח על מחשבותיו ורגשותיו לצורך מיקוד מטרות.

◆ יודע לתכנן את הזמן שלו ביעילות ולנהל את לוחות הזמנים ביחס ללימודיו ולתחומים חשובים נוספים בחייו.

◆ הוא בעל מחויבות אישית להצלחה בלימודים, ביחסים בין אישיים ובתחומי עניין נוספים החשובים לו. בעל הערכה עצמית גבוהה ויכולת הנעה פנימית.

- יודע להעריך את הישגיו בהקשר להתארגנותו עם הזמן ולשימושיו באסטרטגיות למידה.

- מתאים את הסביבה לצרכיו האישיים, הלימודיים והחברתיים ומסתייע בסביבה כשנדרש.

- בעל אמביציה ותחושת הישג.

- מפנה זמן קבוע ושוטף למעגלים נוספים בחייו ובהם: תחביבים, חוגים, פנאי וחברים.

ההבנה כי כלים אלה שרירים וקיימים בכל נושא חשוב לחיים היא הבנה משמעותית, הוליסטית ומפעימה של ניהול זמן מוצלח עבורכם ההורים ועבור ילדכם.

סיכום

ניהול זמן יעיל בעידן הטכנולוגי כיום, מהווה אתגר אמיתי להורים ולילדים. מדובר באחת התקופות העמוסות והאינטנסיביות בהיסטוריה האנושית ובחברה המערבית.

תקופה בה הכול נדרשים לעמוד בשורה אינסופית כמעט של מטלות ומשימות, בחברה תחרותית והישגית.

כהורים העובדים שעות רבות מחוץ לבית או אפילו בתוך הבית, מה שאיננו מקל על הילד האמור שלא להפריע כי אבא או אמא עובדים כעת, קורה למרבה הצער כי הורים אינם מעורים מספיק בחיי ילדם בגילאי בית הספר.

אולם אתגרים נועדו לפיתוח עצמי!

הן שלכם כהורים והן של ילדכם. אתגרים מאפשרים פיתוח מוטיבציה משפחתית, נחישות, וגישה יצירתית לניהול זמן ביעילות.

אני מקווה כי הספר סייע לכם ההורים לראות את ההזדמנות הנפלאה שיש לכם להוות השראה לילדכם בניהול זמן יעיל ואפקטיבי.

הרימו את האתגר הזה, ושמשו דוגמא לילדכם. העצימו את ילדכם בהכוונה ללקיחת אחריות אישית על חייו והובלתם למימוש ולהגשמה.

בהצלחה רבה!

שלכם, אורית טינו פרץ.

הפתעות וצ'ופרים ממתינים לך!

- מאחר ורכשתם את הספר, ניתנת לכם האפשרות ולהמשיך לקבל סודות בחינם לגבי ניהול זמן אפקטיבי, מנהיגות הורים בעידן הפוסט מודרני ועוד.

- התחברו אל עמוד הפייסבוק שלי ושם תוכלו לשאול כל שאלה הנוגעת לניהול זמן . מבטיחה לענות לכם בכתובת :

https://www.facebook.com/oritinnueperez?sk=wall

מקווה שנהניתם מהספר ושהוא תרם לכם. בשלב זה, יש לכם כלים טובים ומשמעותיים לניהול הזמן לכם כהורים מכוונים ולילדכם.

מאחלת לכם הצלחה.

אשמח לשמוע מכם.
אתם מוזמנים להיות עמי בקשר.

שלכם,

אורית טינו, פרץ
0507646380
www.perezyozma.co.il

פרץ של יוזמה
ייעוץ לקריירה אישית וארגונית